AF607307
AVERSO

ULTRAMAR : ÜBERSEE

VERSOS ESCOGIDOS 2000 - 2025

MILAN M. A. GONZALES

Número 50 de la Colección **PERVERSA**

Ultramar : Übersee
Versos escogidos 2000 - 2025

Edición al cuidado de Averso Poesía
www.aversopoesia.com

hola@aversopoesia.com

Primera edición: junio de 2025
ISBN: 979-13-990436-3-1
Depósito Legal: GR 789-2025

Impreso en España - *Printed in Spain*

El papel utilizado para la impresión de este libro está calificado como papel ecológico y procede de bosques gestionados de manera sostenible.

ULTRAMAR : ÜBERSEE

VERSOS ESCOGIDOS 2000 - 2025

MILAN M. A. GONZALES

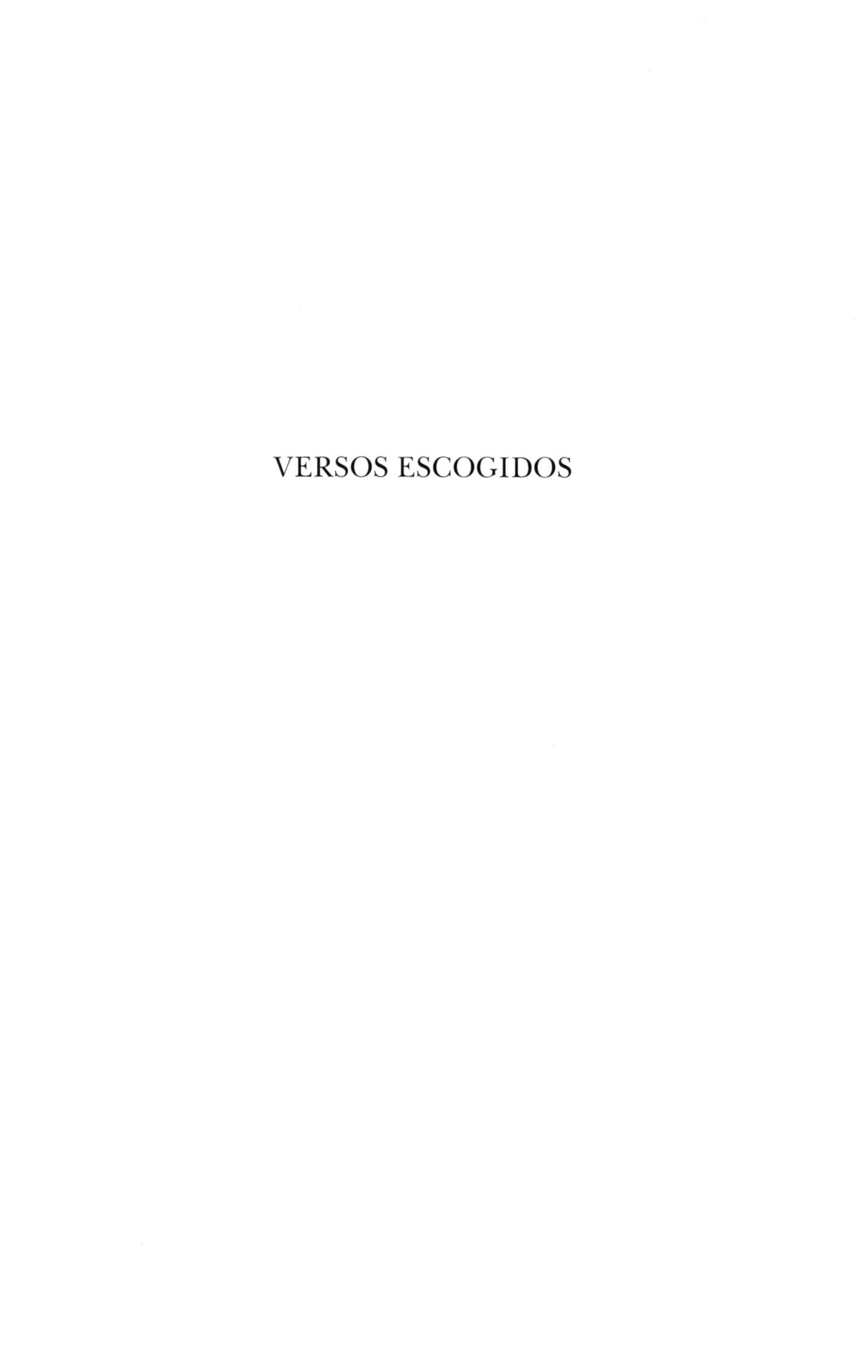

VERSOS ESCOGIDOS

DIME

Dime quién tocará la locura,
dime quién mecerá el otoño.
Cuando las palabras culminen,
cuando el reloj se derrita,
cuando florezcan los cantos
serán tus manos la lluvia que limpie la herida.
Dime quién salvará la esencia,
dime quién vestirá al olvido.
Cuando nace el día, me pregunto
dónde están nuestros muertos,
esperanzas inquietas
de un soñar despierto.

En el nombre del alma, 2000

LA NIÑA CORRE

La niña corre, vuela, cae, ella sigue,
sabe, sin conocer el camino por el que va.
La niña vibra infancia su rostro al cielo,
no confiesa cada travesura,
ni le importa,
no conoce la usura.
Sabe a pasto, sabe a luz, sabe al alba,
cuenta los cantos, cuenta los peces,
las muñecas vestidas
escuchan su historia, a veces.

Ella quiere, no duda,
toma la fruta, se interna en el bosque,
corre, corre la niña.
No conoce, no teme, es pura y pequeña.
Sonríe, virgen de ternura,
mientras mira al coloso del cielo.
No importa copioso, o si llueve.
La niña corre,
corre la niña.

Femme, 2001

DENTRO

Afuera el frío tormenta,
afuera parásita tristeza,
te veo, te sigo
la belleza
cuando tus manos y la belleza.
Cuatro paredes transmutadas,
el piso requebrado,
la observo, muerdo lágrima,
dentro te llevo, mi amiga.
Jamás resabio
el compás latido,
hasta tu pecho abierto,
dentro me quemo.
Porque dentro... bien dentro
solo tú conoces la aurora,
aurora el aura
tú conoces dentro.

Femme, 2001

PLENILUNIO

Cuento
limpio
tuyo
por
luna
brisa
casa
flor

lluvia
miedo
cama
miel
cuna
coito
sangre
alud

siembra
muerte
lloras
sed
grito
espada
alma
sol

mujer
Dios

hambre
cielo
canto
mimbre
techo
mar

sueño
manto
abrazo
verbo

ser

Femme, 2001

LAS CARICIAS DE ATALIA

Manos y pecho,
la casa.

La casa incendia, la casa argamasa y paja.
Cal y arena, es también agua la casa.

Senos y dedos, cópula y huesos la casa.
Llanto es la lontananza,
corren las memorias entre luces de neón,
la casa espera.

Se abre el umbral,
templas el hogar.
Casa la mesa, el techo,
la silla y tu lugar.

Lo frágil que habita,
la caricia que sana,
tiempo sin tiempo,
el hogar.

Femme, 2001

SABES A MADRE

Quién tiende el primer beso,
y deja los desayunos.
Quién vierte el agua caliente,
y cura la herida abierta.

Quién cubre tu alma,
quién por ti vela y ora.

Por qué te canto un verbo,
si no estoy más bajo tu manto.

Sabes a madre cada noche ausente.
Sabes a tierra, a dicha, a savia.
Sabes a canto,
sabes a mirra.

Femme, 2001

PALABRA

Oscura o milagrosa,
con cómplices a raudal,
es la humanidad tu boca.

Sin forma ni sentido,
te desvaneces en un zumbido.

Sabia o atrevida,
juzgas, amas o desechas,
usas, prometes, y también te esfumas.

Tu sombra me persigue,
te delata,
el chisme en la boca del vecino,
en el sinsentido de sus días muertos,
gota a gota, la palabra también mata.

Los malditos, 2004

TERRORIS CAUSA

Grita y huye,
la mente del terrorista se contradice.

Amparas tu ideal,
vendes a tu hermano,
atacas y escapas,
es tu pena la que te delata.

La gente señala,
sin temblar,
al terrorista,
que también es el niño,
que sin saber lo sagrado de la vida
ataca al turista.

¡Extremista, fanático!
¿Podemos conversar?

La libertad no se toca,
ni el hogar,
ni la patria,
ni con arma en la boca.

Los malditos, 2004

DIGNIDAD

¿Qué hice yo para que no me amaran?
Tener mar y cielo, playa y sal, selva y monte.
Ser grande y bella, brindar tierra pura, llanura y serranía.
Dar a mis hijos el más bello hogar, soberanía.
Cómo tolerar el abuso y el dominio,
cómo soportar mi exterminio.
Aguantar el vacío del gobernante, la ceguera del militante.
Resistir peleas entre hermanos,
destruirme por todos los lares.
Ser violada una y otra vez.

Amé tanto a mis hijos para que me destrozaran.
Sangré la herida que no será lavada.
Mis hijos me olvidaron y aquí estoy, moribunda.
Dime, Señor, ¿qué hice?
Mira a mis niños enterrados en el vientre,
para que sobrevivan los soberbios, los agresores.
Solo me queda que tú, Dios, te apiades de mí.
No hay nada que alivie esta pena.
Te lo suplica tu hija, tu niña que muere,
llamada Bolivia.

Los malditos, 2004

MODERNISMO

Selva consumista
es el hoy de corbata y de tarjeta,
latitudes de progreso,
en ofertas de hojalata.
Material de compra
es la humanidad,
sello y firma,
publicidad.
A la compra de un *te quiero*
se ha tendido,
si permuto o a pedido,
te remato, a nadie hiero.
Sabor de lejanía,
de hermanos que no reconocen
la armonía,
de padres que de hablar carecen.
Modernismo,
nuevo todo en venta,
es la ley del cretinismo,
es el alma en renta.
Modernismo la demanda
de los bienes y la oferta,
hoy pisa y manda
esta diosa muerta.

Los malditos, 2004

PARTE Y JUEZ

Dedo amenaza,
amenaza que descubre,
la mentira de la boca,
eso es lo que te ata.
Con carteles de inocencia,
y vestimentas de cordero,
tras las rejas de lo falso,
tras las huellas sin atajo.
Es la ley del hombre,
débil y fútil,
pronto extendida
cual inmenso pantanal.
Cada quien juez acusador,
dicta la sentencia,
a su antojo y conveniencia
sin misericordia.
Juez y parte,
parte y juez
es como juzgamos,
a ser Dios apostamos.

Los malditos, 2004

RACISTA

Pedro busca sustento,
le toca la calle, a veces
las sobras de los supermercados,
es una enciclopedia de lamento.
La historia subraya lo conveniente,
sucede que el racista sonríe diciendo que lo siente.

Pedro camina perturbado,
papeles y fila,
la espera es infinita.

A Pedro lo escupen,
lo ignoran, lo amenazan,
él resiste valiente,
él sabe que el alma no tiene color en su frente.

Los malditos, 2004

OTOÑO

¿Es el umbral de luz el inicio?
¿O es el caminar hacia adentro el génesis de toda alma,
es un sendero la búsqueda de uno mismo
o es la búsqueda del otro?
¿Son las palabras chispas en el infinito
o es un abrazo la eternidad?
¿Es el otro nuestro reflejo
o es su ausencia un agujero negro?
Demasiadas interrogantes para una sola vida.
Quizá es esta búsqueda el camino
y cada paso una respuesta.
Siembras la luz en el jardín de la falsedad,
de batallas perdidas y bruscas intenciones,
desfallecido sin colores
nace un tiempo sin dimensiones.

Die Prallheit, 2014

A SU TIEMPO

Antes del milagro,
no somos.
La batalla que nos espera
no es el conflicto del otro,
es el conflicto con uno mismo.

A su tiempo cultivar el esplendor de la niñez,
la inocencia, fuente de todo bienestar.
A su tiempo la juventud,
energía vital.

A su tiempo comprender;
un padre su deber,
una madre su nacer,
un hijo el obedecer.

A su tiempo;
las bienvenidas,
las advertencias,
las reprimendas,
las despedidas.

A su tiempo;
el escuchar,
la gratitud,
la humildad,
el perdón,
la paz.

A su tiempo dar a luz;
así llega Veronika a este mundo;
en medio de balas y misiles,
en la única sala de maternidad de Pokrowsk.

Unos matan, otros dan vida,
son los doctores Tetiana Myroshnychenko
e Ivan Tsyganok quienes la reciben.
Alfa y omega,
nadie decide sobre la voluntad divina.

Invasión, 2023

PATRIA

por ti la noche en trinchera
por ti el todo perderlo
por ti las esquirlas que desgarran mi piel
por ti el honor de defenderte
por ti las cenizas en mi vientre
por ti el exilio
por ti aprender a olvidarte.

Invasión, 2023

TEGEL EN LVIV

Un aeropuerto es la certeza
del reencuentro,
sobre sus pistas aterrizan sueños y rezos,
una maleta rumbo a casa,
o una casa en una maleta.

Es tan profunda la dicha como la desgracia
que reside en las venas de un aeropuerto,
en Tegel había homenajes,
en Danylo Halytskyi
se construía un Blockpost.

Los controles,
filas de espera y el hartazgo,
la sospecha es la norma,
la revisión para evitar
el desbarato.

Tanto método para evitar la tragedia,
tanta tragedia para repetir la caída,
si cada palabra llegara a su destino,
Berlín sería Lviv,
y Tegel, Danylo Halytskyi.

Invasión, 2023

SIERVO INÚTIL

¿Quién eres tú?
¿Quién soy yo?
¿Qué queda del nosotros?
Una maraña de privilegios,
un puerto sin mar,
un sendero hacia la lontananza,
una casa sin paredes,
una ventana sin cielo,
una cocina sin fuego,
una mesa sin patas.

Queda el humo negro,
las sirenas enloquecidas,
la paranoia de Jersón.

Queda un campo sin verde,
unos lentes sin vista,
un patio de huérfanos.

Invasión, 2023

RECONSTRUCCIÓN DE LA UTOPÍA

El hornero busca sombra y calor
para su hogar,
vuelo tras vuelo lleva las raíces,
paja a paja su pico eleva,
barro que se viste de hogar
entre abril y junio,
tan sencilla y tan elegante es su casa,
barro es el que reluce
con el brío de sus alas,
hasta que una piedra lo impacta.

Se ha roto un nido,
se ha roto el sueño.

¿Será el próximo año?,
¿será entre abril y junio, que se alce un nido nuevo?,
¿será que quede barro?,
¿será que quede el vuelo de un hornero?

Invasión, 2023

CUANDO LA PALABRA SANA

Curar es un regalo sin precio.
¿Cuándo y cómo sanamos?

De tiempo en tiempo
las palabras hacen milagros,
la cura del alma,
la resurrección de la conciencia.

Invasión, 2023

CARBÓN

La tinta no corre en el desierto,
tampoco la sangre de los cuerpos dormidos,
no corre el carbón del lápiz,
ni hay sal que duela en la herida abierta,
ni libre albedrío en un ser sin aliento.

Solo un refugio salva del horror,
solo los ojos que leen la súplica,
solo un lápiz que espera escribir un nombre,
dibujar a los suyos,
rayar su silencio,
romper la mordaza,
huir lejos.

Invasión, 2023

23

¿Es la esperanza otra utopía?
¿Es la fuga un arma o la resistencia una plegaria?
¿Es la humanidad una palabra sin sentido?

Arriesgar la vida para narrar,
¿es el llamado del deber un misterio
o es una frontera el inicio del final?

Viajar al centro del infierno,
para enfrentar al demonio del hombre que caza al hombre,
es también enfrentarse a uno mismo.

Apuntar:
que someter a un pueblo se ha convertido en una tradición,
que subyugar al débil es un culto a la estupidez.
Es la invasión una pausa para el festín de los fatuos,
como es una falsa doctrina la gran burbuja roja.

Apuntar:
que son los misiles un himno a la cobardía,
los que devoran el sueño del inocente,
como las campanadas de la catedral de Ulm.

¿Dónde buscan los muertos su silencio?
Dónde buscan los inocentes un respiro,
remachando maletas, cosiendo los bolsos,
añorando que el punto en la pantalla sea un hogar
donde llegar con los suyos.

El tren disimula los lamentos a medianoche,
como un quejido entre las tinieblas,
son los vagones amordazados,
las cortinas de metal que protegen el recorrido
    por la patria herida.

Artillería de mentiras es el comando,
un viaje sin regreso,
porque la guerra es para el inocente
una pesadilla de la que no se despierta.

Cada metro de riel se hace una nebulosa de acero mutilado,
esquivando la pólvora y la hambruna.
Sostiene a los huérfanos y almas en pena.
Al otro lado de la frontera les esperan voluntarios
    y un refugio,
si la divinidad lo permite, también la fe.

Son los pasillos de cada furgón
un laberinto en línea recta que oculta la cicatriz que no cierra.
Se huele el sudor seco,
la indisposición de la contienda.
Pasean los cuerpos por un chorro de agua caliente,
en el tren que escapa de la muerte.
Son los torsos desnudos de quienes pagan la infamia
del carnicero moscovita.

Cada vagón es una biblioteca,
catálogo de lesiones y cicatrices,
súplicas enmudecidas que gritan el despojo de sus raíces.

Es la ley del absurdo,
informar lo evidente, la ausencia de una caricia.
El vacío no es lo mismo que el abandono.

Quedan las historias sin contar,
las fotografías por revelar,
queda abrazar 23 horas de huida
y una hora de muerte de paga por jornal.

Queda un periódico por doblar,
mientras la crónica sangra tinta.

El alba se erige en la próxima estación, inefable
como el espíritu del único niño superviviente en Kutuzivka.

Tymofiy Seidov de ocho años
campea contra los monstruos en sus dibujos
para al fin salir del sótano
a esperar el tren que lo llevará todavía
al ocaso de su infancia.

Invasión, 2023

EL SILENCIO

Para abrazar el sueño,
para evitar las balas,
para dominar a la bestia,
para ceñir el estómago,
para cuidar lo sacro,
para abrigar el alma,
para vestir la calle,
para huir del invasor,
para acordar el idilio,
para firmar la sentencia,
para nacer la esperanza,
para negociar una tregua,
para perpetuar la caricia,
para atreverse a la muerte.

En medio de los escombros
un casete protege con su vida
los afectos hechos sonidos.

Invasión, 2023

POST MORTEM

un pasaporte en tierra de nadie
una mirada cruel
una pregunta
un sello
un destino incierto
una voz providencial

Invasión, 2023

SOY

No soy
el objetivo de un misil
no soy
la valija de un viaje inconcluso
no soy
la decadencia de la gran ciudad
no soy
la hipocresía de la diplomacia
no soy
la mosca que duerme en la noche de su cuerpo
no soy
la psicosis que estalla con el grito de las sirenas

Soy

¡El latido furioso que precede a la vida!

Invasión, 2023

KUKUK

Cinco de la madrugada, no quedan pupusas,
tan solo un café bien negro,
vamos al Boquerón, sonríe el guía,
él conoce los intestinos del dragón.
Tras trepar en el *pick up* empieza la aventura,
todos suspendidos en tres barras de aluminio,
así juegan los cipotes.

Entre saltos y carcajadas,
el chichi en brazos de la madre se pone serio
al ver cómo sus hermanos se van deshojando del cacharro.
Toca pupitre y pizarra en el centro escolar; Cantón el Progreso.
Bajan los últimos agricultores haciendo polvo,
sonriendo con sus dientes de blanco elote.
Llegamos, solos, el volcán y un sendero serpenteante,
a tres casas se eleva una alabanza,
calaminas multicolores que presagian tregua y consuelo.
Nos vamos adentrando en el coloso.

¡Súbito!
Sale del verde tupido el joven-mula cargando dos veces su peso,
se desliza como agua furiosa que choca contra la roca,
es su carga el maná para su hogar y sus afectos.
Seguimos descendiendo por la lava hecha jungla.
Sin anestesia la fiebre baja, como bajan nuestros abultados cuerpos,
la bestia dormida nos regala la bienvenida: mariposas tricolores,
sendas telas sin arañas, la soledad y un susurro de Dios.
El guía generoso cuenta sus muertos,
los cuenta sin número: le faltan los dedos.

Unos fueron lanzados del balcón, otros tragados por el temblor.
Sudamos y bebemos agua que sabe a vapor.
Tres horas de bajada, hasta el rojo te pide perdón.
¡Basta, suplican las piernas!
Olemos a TAL, cuánto milagro sin atender,
ahí late esta nación. Sus muertos florecen en el «café con leche»,
en el Raque Canas, en las orquídeas de tierra.
Tocamos fondo en un delirio.
Tras la visita al Edén la pausa se esfuma, toca volver,
es el riesgo del paraíso perdido.

Ascender no es subir, elevarse no trepar.
Casi por llegar a la cima está Ella recogiendo la cosecha,
el fiel Nerón la acompaña atento.
Tiene las arrugas florecidas en su rostro.
¿Nunan, cuánto has sembrado?
¿Dónde está Nuteku?
Coloca un gran madero sobre su yagual, ella se llama Nuyulu.
Se pone de pie, majestuosa, se viste de humildad,
su transpiración riega el jardín del volcán.
Kukuk, así se dice dolor en nawat.

El sufrimiento, como la luz, nace del abandono,
como la esperanza que renace en el Salvador.

Kukuk, 2025

SELECTED POEMS

EMPTY

Falling tears,
breaking night,
growing fears,
losing night.

Nobody is here,
nothing to lose,
nobody is there,
it is all confusion.

A heart beats fast,
empty spaces,
eyes look at the past,
there are no places.

Empty the house,
the tears fall slowly,
silence and pause,
sad like the snow.

Hurt, 2003

THE PRAYER

I wanted to pray,
but the sound of the bullets broke my peace
I wanted to pray,
but the raped woman knocked at my door
I wanted to pray,
but the cry of the abandoned baby sounded around
I wanted to pray,
but the yells of a robbed man distracted my concentration
I wanted to pray,
but the blood of my people was flowing into my house
I wanted to pray,
but the airplanes were falling down between the stars
I wanted to pray,
but the smoke of the fired wood intoxicated me
I wanted to pray,
but the stones of the furious people broke my window
I wanted to pray,
but the shouts of the ignorant dictator destroyed my harmony
I wanted to pray,
but the moan of the mother who lost her son affected me
I wanted to pray,
but the indifference of my neighbor beat me
I wanted to pray,
but the smell of drugs and alcohol numbed my mind

Sssssshhhhhh
Now that everything is destroyed,
bloody, dirty, dark,
ugly and deeply sad

Now that almost everybody has died,
a result of their world, their ideas, their misery
I wanted to pray,
for those who never give up searching for light.

Hurt, 2003

EXPLANATION

Mad,
sad or glad.

I am yours,
I have to add.

Hurt, 2003

HEAVEN & HELL

Walking over the hell fire,
leaving God's land,
if you are not here,
I do not care,
hell or heaven,
heaven or hell.
I really do not care,
from here I yell.

Hurt, 2003

MAYBE II

Sometimes you are the mind,
sometimes you think too much,
sometimes it is fun,
sometimes it is enough.

Sometimes and maybe,
while you are here,
I will be inside your soul,
maybe and sometimes.

Maybe,
while you are using the mind,
I am just touching the love,
that is called by your name.

Maybe this world,
and maybe your life,
are not enough to know
to touch
to feel my love.

Hurt, 2003

REMEMBER

These days,
this light,
this shine,
this night.

Remember

The kiss,
the flowers,
the sky,
the street.

Remember

This smile,
this rain,
this tear,
this pain.

Remember

Hurt, 2003

THE WHISPER

I fly,
fly to the sun,
like Icarus,
I see the light,
even in the night.

I fly in this whisper,
before knowing you,
I was walking in your sigh,
waiting.

Awaiting your whisper.

Hurt, 2003

KITCHEN

What a kitchen symbolizes
is the making of a beautiful meal
for loved ones to share.

From seven till eight we share the breakfast,
around twelve we eat lunch & talk,
planning, dreaming,
at night we have the dinner, romantic,
sharing, looking at each other.

The ingredients are essential,
along with the preparation,
the attention to detail,
and finally in the appreciation of the final result.

What makes a kitchen a kitchen?

Salt & pepper,
sugar & spice,
fork & knife,
honey & bread.

Water & lemon,
toast & marmalade,
coffee & cream,
tea & milk.

One never seems complete without the other,
from one way to another.
If you are not at the table,
I will be here, waiting for you in this chair.

Hurt, 2003

NERUDA, BARRET BROWNING & HUGHES

The poet needs style, Hughes said:
Life is fine!
Fine as wine!
Life is fine!

The poet needs love, Barret Browning said:
How do I love thee? Let me count the ways.
I love thee to the depth and breadth and height.
My soul can reach, when feeling out of sight.

The poet needs the inspiration, Neruda writes:
I can write the saddest verses tonight.
I remember how you were last autumn.
Is this morning which is full of tempest in the heart
of the summer.

What I can add?
The poet needs style, love and inspiration,
I just need to be under the rain,
sometimes to feel the fear, sometimes the tears,
but I confirm again & again,
the poet always needs the pain.

Hurt, 2003

ALL FORCES

All forces could be against my love,

but all my love is bigger than all forces.

Hurt, 2003

VENUS LOVE

Love me real,
love me tender,
love me deeper,
deeper & tender.

Love me Venus,
love me summer,
love me winter,
winter & summer.

Love me poem,
love me verse,
that is my universe.

Hurt, 2003

CONSCIENCE

Hear the silence

Hurt, 2003

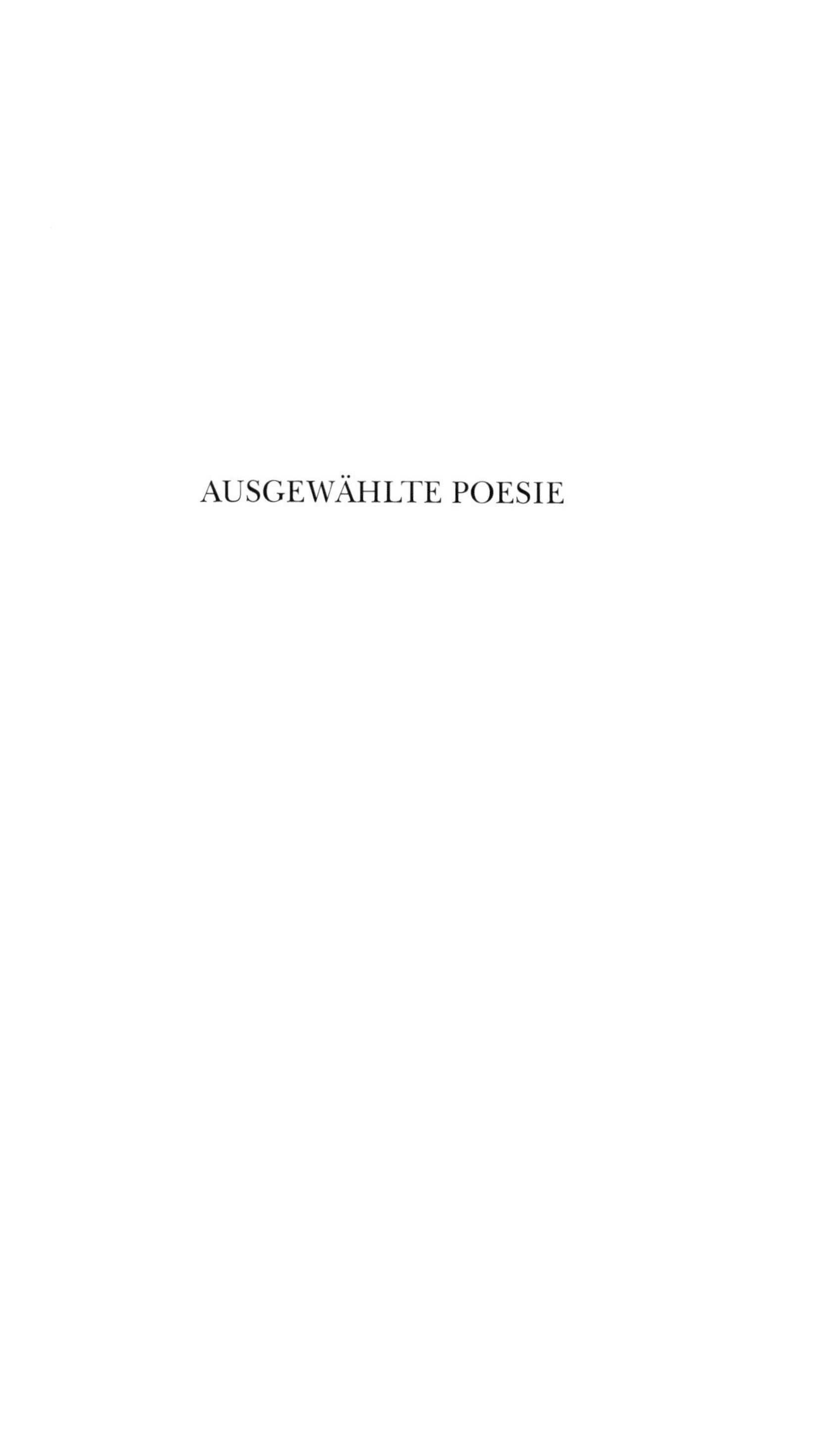

AUSGEWÄHLTE POESIE

BRODEM

Pupillen aus Himmelsdach und Brodem.
Summiert der Mond eine weitere leidvolle Seele.
Katharsis aus zerbrochenen Träumen.
Summiert der Schnee.
Sich entkleidende Atemzüge.
Sich entblößende Hauche.

Synapse einer Mitternachtssiesta.

Es ist ein Wolf im Garten,
welcher das Haus hütet.
Leckt die Milch während wir uns entziehen
vom Grabe der Vergangenheit,
von der Abwesenheit des Morgen.

Es sind die Spuren auf dem Schnee
vor dem Haus.
Omen eines Abschieds,
welches das Fleisch fürchtet.
Gemütsschmerzen, immerwährende Augenringe.
Narben durchzogen von Streicheleinheiten,
streicheleinheiten werden zu milden Gaben.

Es ist die haarsträubende Schlaflosigkeit,
unentrinnbar wie die schwindelerregene Klage.
Treffend wie der vorzeitige Tod.

Bitter wie der letzte Verrat.

Sieben, 2019

EIN KOSTBARES GUT

Eine Kindheit ohne Kinder
ein Herzschlag ohne Herz
wolken ohne Himmel
in des Zombies Vaterland.
Irgendwie, irgendwo
jemand schreit ohne Stimme
nur die Wüste hört zu.
Nur das Neugeborene zittert.
Der Montag fängt wieder wahnsinnig an;
die Ratten lachen in der U-Bahn,
die skeptischen Leichen kennen den Preis.
In der Freiheit mitsingen,
in den Hügel rennen.

Die Hoffnung fragt nie,
die Hoffnung bewirkt Wunder.
Das Baby weint immer wieder.
Ich frage mich:
Wo die Kindheit das Kleine sucht,
wo die Warmherzigkeit schlägt,
wo liegt etwas Kostbares.

Sieben, 2019

UMARMT

von der Stille

von den Laternen

von der Sehnsucht

von der Litanei

Sieben, 2019

SALZ UND LICHT

Kompromisslos und im Wahn
ein Mitternachtsanruf.
Während andere schlafen befragt mich
ein einäugiger Kater,
ob die gefrorene Milch für Ihn ist.
All' meine Geheimnisse ausgeplaudert,
nichts mehr zu beichten.
Derweil züchtet der Wald die Ruhe,
ein Gott stellt die Morgendämmerung ein.

Eine Straße weiter läuft das unbekannte Mädel,
halbnackt, halb bewusstlos.
Es ist das Salz über dem Schnee,
das Licht einer Totenwache.
Die Würde im Koma,
die Siesta der Bestie.

Sieben, 2019

VOR DEM EINSCHLAFEN

Ich bohre ein Loch in die Erde,
immer tiefer und tiefer,
schnurgerade durch den Erdball,
und komme auf der anderen Seite wieder heraus.

Ob da wohl auch ein Haus steht
und auch einer,
der im Bett liegt und bohrt,
irgendwo treffen wir uns,
hoffe ich doch.

Sieben, 2019

KONJUNKTUR DES BEWUSSTSEINS

Aufgrund der Kraft
und der Stärke der Sensibilität,
das Ende der Erkenntnis,
die Wahrheiten des Denkens,
die Intensität des Geistes,
der Anfang der Heilung
oder der Bruch des Herzens.

Man findet lang gezogene Vokale
und geisteskranke Sehnsucht.

Sieben, 2019

VERLASSEN

Tagesanbruch, das Haus derer,
die unter der Venusplage leiden.
Stummes Geschrei, verbissene Lippen,
schrille Nächte
voller Augenringe mit schweren Lidern,
bücher, in deren Seiten Herzschläge blättern.
Das Nichts als Selbstaufgabe,
sich selbst strafend
und die Auferstehung suchend.
Ist die Verlassenheit ein Bruch ohne Wendung?

Sieben, 2019

DAS LANT*

* vom Protogermanischen: hlandą

Es heißt der Rhein, die Zugspitze,
weil ein Mann wie ein Berg
den Äther erreichen kann,
vom Bodensee bis Kleve,
es heißt mein Lant.

Das Grundgesetz regiert uns,
über diesem steht nur der Himmel
und die Macht des Herrn.

Gegen den Hass unsere Waffe ist die Hoffnung.
Um unser Land zu verteidigen
brauchen wir Mühe,
Engagement und Loyalität.

Wir haben zwei Weltkriege inszeniert,
verloren und dadurch eine neue
bewusstheit erlangt.

Wir existieren,
wir haben eine Struktur,
eine Form, ein Ziel,
ein neues Konstrukt ist entstanden.

Sieben, 2019

DER BÄCKER

Zwei Drittel der Stadt schlafen,
auf der Straße tanzen Fuchs und Kaninchen,
das andere Drittel gleichmäßig verteilt zwischen
Puffs, Insomnia und Tankstellen.
Im Süden verdaut ein Dorf
die Träume seiner Mitbewohner,
im Norden übergibt sich die Stadt
auf die Psyche der Millennials mit Burnout und Cuts.

Ein paar Süchtige spielen noch online,
woanders suchen Zuschauer
etwas im Leben der Anderen,
Asoziale Medien für die Vampire;
Stoff für die Tratschtanten und Demagogen.
Stamsried ist nicht Berlin, Gott sei Dank!
Doch ab 4 Uhr morgens sind beide eins,
auf dem Hügel wie auf meiner Straße
bringt ein Bäcker das Licht mit.

Moment mal!
Heißer Dampf kommt aus der Bäckerei.

Manchmal lohnt sich
nur eine Bushaltstelle in dem ganzen Dorf
anstatt der Dekadenz der Metropole.
Hauptsache beide backen
das Abendbrot des Volkes.

Sieben, 2019

DAS DORF

Schlaft, schlaft tief,
die Nacht ist leer,
der Tag ist bedingungsloses Chaos.

Die Gespenster,
sie faulenzen im Tunnel,
ein verrücktes Lächeln,
ein Meer ohne Inseln.

Sieben, 2019

DER GARTEN

Strahl von stillen Kometen,
eine Sekunde Dämmerung und Niemandsland.
Ist der Fleischfresser in die Tiefe gegangen?
Wenn die Seele sprechen muss,
bleibt die Ruhe des Windes,
das Abendbrot des Kindes.

Ist die Sehnsucht und das Feld,
der Abgrund des Grünen?

Ist das Fenster eine Tür
und der Garten ein Wald?

Sieben, 2019

DER CLAN

Die Maske des Clans ist gefallen,

Es ist ein langer Winter ohne Waffenruhe,
eine Landkarte ohne Norden,
die nach Schmerzen schreit.

Am Tagesende;
traurig suchen die Seelen,
eine endgültige Einigung.

Sieben, 2019

MÜDE

Von dem Gequassel
Von der Gewalt
Vom kichern
Von der Menge
Von der Vulgarität
Von der Spekulation
Von der Täuschung
Von dem Zynismus
Von der Vergangenheit
Von der Ironie
Von dem Opportunismus
Von dem Spiegel
Von der Paralyse
Von dem Leeren
Von der Heuchelei
Von den Tabellen
Von der Grausamkeit
Von dem Labern
Von der Blödheit
Von mir selbst

Sieben, 2019

LATINO-AMERIKA

Paradies und Paradox.
Lieblingsecke der Armen und Reichen,
Frucht ohne Gleichen.
Ein Land, das Fremde empfing,
das Verbrecher empfing,
das Nazis empfing.

Nichtsdestoweniger ist es ein gesegnetes Land,
in dem die starken Arbeitskräfte geboren wurden,
das seine Silberminen
an die Welt als Geschenk gab.

Temperamentvoll,
einfühlsam sind seine Kinder,
die Heute diejenigen heilen und therapieren,
die unter dem Komplex des Eroberers leiden,
sie tanzen und feiern das Leben,
die Tiefe ihrer Augen, tausendjährige Kulturen,
der Zimt ihrer Haut
und die Anden.

Paradies und Paradox.

Sieben, 2019

LOS YUNGAS

Am Tag sind Blütenblätter deine Brüste.
Duft aus Erde,
Deine Oberschenkel sind die Höhle und Borke.

Öl, Palmen und Weintrauben,
das ist die Saat unseres Feldes.

Deine Finger, die Wurzel meiner Sinne,
dein Garten und das Stöhnen
von der Sohle bis zur Krone.

Sieben, 2019

HERBST I

Ist die Schwelle des Lichts der Anfang
oder ist das Laufen nach Ihnen
die Entstehungsgeschichte aller Seelen?

Ist ein Pfad die Suche nach einem Selbst
oder die Suche des Anderen?

Sind die Wörter Funken der Ewigkeit
oder ist eine Umarmung die Ewigkeit?

Ist unser Nächster unser Wiederschein
oder ist seine Abwesenheit ein schwarzes Loch?

Zu viele Fragezeichen hinter einem einzigen Leben.
vielleicht ist diese Suche der Weg
und jeder Schritt eine Antwort.

Sieben, 2019

HERBST II

Bepflanzt das Licht im Garten der Falschheit
von verlorenen Schlachten
und abrupten Absichten.
Verstorben ohne Farben.
Es entsteht eine dimensionslose Zeit.

Sag wer wird den Irrsinn berühren,
sag wer wird den Herbst wiegen,
oh sag´s mir!

Wenn die Wörter vollenden,
wenn die Uhr schmilzt,
wenn die Gesänge erblühen,
werden deine Hände der Regen sein,
welcher die Wunde reinigt.

Sag wer wird die Essenz retten,
sag wer wird das Vergessene kleiden,
oh sag´s mir!

Wenn der Tag anbricht, frag ich mich
wo sind unsere Verstorbene?
Unruhige Hoffnungen aus einem Tagtraum

Sag wer wird den Irrsinn berühren,
sag wer wird den Herbst wiegen,
oh sag´s mir!

Sieben, 2019

DER HOF

Alle Arten von Blumen wachsen im Garten,
es gibt zwei Bänke und einen kaputten Brunnen
aus eineinhalb Jahrhunderten.
Sie wässern und reinigen die Pflanzen
mit Disziplin und Organisation.

Die Laternen beleuchten den Abend,
die Besucher und die Ruhe.
Die Damen bereiten an Sommerabenden
große Versammlungen vor,
die Herren begleiten sie von Zeit zu Zeit.
Wie viel Weisheit in einem Garten,
sogar eine Kannibalenkrähe,
die eine Taube angriff, wurde respektiert.
In diesem Hof schützen sich Anwohner vor Mücken,
indem sie Minze in alle vier Ecken verteilen.
Da der Garten so viel Liebe erfährt,
dass er jeder Jahreszeit seine Farben verleiht;
im Herbst weht ein Schauspiel
von Kastanien und Blättern.

Auf jeden Fall habe ich auch
einen Nachbarn und Maler,
der exquisites Limoncello zubereitet.
Wenn ich betrunken nach Hause gehe,
mache ich mir Sorgen.
Wer wird sich besser um diesen Garten kümmern,
als meine Nachbarn.

Sieben, 2019

SCHWARZ

Sollte es Mitternacht schneien
und dunkel sein;
Sollte man skeptisch, isoliert,
unter seelischen Schmerzen
auf die Dämmerung warten?

Sollten die Blinden, die Tauben, die Stummen,
das Essen der Raben sein?
Am Anfang war Gütersloh,
Kerosin anstatt Benzin,
ein Fünf-Sterne-Hotel anstatt einer Jugendherberge,
ein Umzugstransporter im Koma.

Was bedeutet es,
wenn einem mitternachts auf der Autobahn
Autos entgegen kommen?
Sollte das Horror sein,
sollte es ein Unfall sein,
Sollte das Schwarz unbedingt die Dunkelheit sein?

Oder

Ist Schwarz die Umarmung,
die Hoffnung,
das Vertrauen,
das Sein wiedergeboren.

Sieben, 2019

WIR NENNEN UNS

Wir nennen uns Menschen,
wir loben den Herrn.
Wir empfangen Kommunion.
Wofür das Ganze?
Können wir einen Tag ohne Ironie existieren.
Wir nennen uns Christen,
wir haben mehr Labels
und Glaubensrichtungen als gute Taten.
was für ein Paradox.

Wir nennen uns Evolution,
immer wieder das Ich,
Wo bleibt die zweite, die dritte Person,
wann wir statt Ich.
Wir nennen uns Revolution,
Rechts oder Links,
Lassen wir die Jineteras auf der Malecon,
lassen wir die Penner weiter betteln.
Wir nennen uns Gläubige,
obwohl wir erniedrigend sind,
uns einander anspucken,
erhalten wir am Sonntag den Laib Christi.

Wir nennen uns Zivilisation,
Im Namen der Ignoranz,
Im Namen der Stolzes,
Im Namen des Egoismus.

Trotz allem,
ich habe einen Traum.

Sieben, 2019

SIEBEN

Die Handfläche
Die Verletzung

Eine treue Krankenschwester

Die Tomate
Der Knoblauch
Die Kartoffel

Eine warme Suppe

Die Füllung
Die Konditorcreme
Die Feier

Ewige Kindheit

Ein Lächeln
Ein Wort
Eine Zuflucht

Sich gehenlassen
Barfuß wandern
Ein Kind sein
Eine Mutter festhalten.

Sieben, 2019

MONTAG

Von Anbeginn unserer Kindheit
lehren sie uns Worte,
sie lehren uns zu essen,
sie lehren uns zu arbeiten,
wenn wir Glück haben
lehren sie uns Mathematik und Höhlenforschung.

An einem Montag ändert sich alles,
wir entscheiden was wir lernen wollen,
wir lernen den Dialog oder uns anzuschreien,
wir lernen zu fragen oder diktatorisch zu sein.

Einen Montag beschlossen wir,
etwas über die Auferstehung
und die Dunkelheit zu lernen.

Wir lernen,
dass Misserfolg nicht bedeutet zu sterben,
sondern von vorne anzufangen.
Einen Montag lernen wir,
dass wir verlernen müssen, um wieder zu lernen:
über Vergessenheit, Tod und Vergebung,
über das Vakuum, das wir füllen wollen.
Dass, wenn wir gehen, es nichts mitzunehmen gibt,
außer den Erinnerungen, einer Handvoll Worte
und einem letzten Streicheln.

Sieben, 2019

MEHR

Mehr Kraft
Mehr Sinn
Mehr Tanz
Mehr Beat
Mehr Puls
Mehr von dir
Mehr Luft
Mehr Mut
Mehr Lust
Mehr Impuls
Mehr Stimme
Mehr von mir

Mehr Klang
Mehr Herz
Mehr Liebe
Mehr Ruhe
Mehr von dir
Mehr von mir
Mehr Fels
Mehr Duft
Mehr Licht
Mehr Träume
Mehr von dir
Mehr Ruf
Mehr Glas
Mehr Takt
Mehr Nacht
Von dir

Kukuk, 2025

ÍNDICE

Versos escogidos

Selected poems

Ausgewählte Poesie

Este libro se terminó de editar en Granada
en junio de 2025 por

www.aversopoesia.com
hola@aversopoesia.com